Dein Abenteuer als
Ritter

Lesen und Erleben

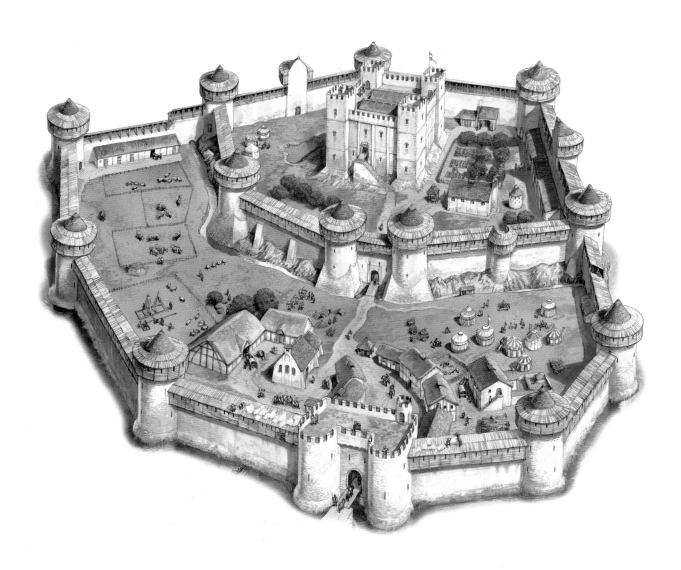

TESSLOFF

Inhalt

Dein Auftrag

Du befindest dich im Jahr 1300 und die Zeiten sind unruhig. Einflussreiche Adlige fordern deinen König heraus. Sie möchten an die Macht gelangen. Der König sendet dich als seinen zuverlässigsten Befehlshaber aus, um die Rebellion zu beenden. Der Anführer der Adligen ist ein aufrührerischer Fürst. Sein militärischer Stützpunkt ist eine ganz neue, wehrhafte Burg.

Deine Aufgabe ist es, den Fürsten gefangen zu nehmen und so die Rebellion zu beenden. Am besten, du schaffst das kampflos. Aber der König hat dich auch ermächtigt, die Burg notfalls zu belagern. Du kannst sicher sein, dass er dich bei Erfolg belohnen wird. Vielleicht erhältst du sogar etwas vom Land und Vermögen des rebellischen Fürsten. Aber dein Auftrag ist nicht einfach. Der Fürst ist sehr ehrgeizig. Gut ausgebildete Soldaten sichern seine Burg. Du musst dein Vorgehen also sorgfältig planen, um erfolgreich zu sein.

Dieses Buch erklärt dir Schritt für Schritt deinen Feldzug. Es zeigt dir, wie du möglichst viel über deine Gegner herausfindest, und erläutert die beste Strategie für einen siegreichen Angriff. Außerdem stellt es dir deine Truppen vor und erklärt, welche Waffen dir zur Verfügung stehen und wie du eine lange Belagerung durchführst. Ausgerüstet mit all diesen Informationen solltest du die Burg erfolgreich einnehmen können. Wirst du siegen?

Plane deinen Angriff

Die Burg ist eine mächtige Festung mit beeindruckenden Verteidigungsanlagen. Sie steht auf einer von Wasser umgebenen Insel und du musst es irgendwie überbrücken, um an die Burgmauern zu gelangen. Darüber hinaus ist die Burg in einem ausgezeichneten Zustand. Auf ihren festen Mauern verlaufen überdachte hölzerne Gänge, von denen aus die Verteidiger deine Truppen angreifen können. Den inneren Burghof schützen eine zweite dicke Mauer und ein weiterer Graben. Die Besatzung ist offensichtlich gut ausgebildet. Wachen patrouillieren regelmäßig auf den Mauern und halten von den Türmen Ausschau. Auch solltest du wissen, dass die Burg sehr gut mit Vorräten versorgt ist. Vieh weidet auf den Wiesen im äußeren Burghof und Getreide lagert in den Scheunen.

Andererseits hat die Burg auch Schwachstellen. Der Graben an der Vorderseite ist zwar mit Wasser gefüllt, aber sehr schmal und flach. Du solltest ihn durchqueren oder problemlos überbrücken können. Der Zugang zur Burg vom Fluss aus durch ein Wassertor ist schlecht bewacht. Das Torhaus mit der hölzernen Zugbrücke eignet sich für einen direkten Angriff. Wenn du den Eingang zerstörst, brauchst du weder die Mauern zu erklettern noch Breschen in sie zu schlagen. Die Burg hat zahlreiche Türme. Weil sie schwächer sind als die Mauern, solltest du den Angriff auf sie konzentrieren. Bedenke auch, dass die auf den Mauern verlaufenden hölzernen Hurden sehr leicht brennen können!

Ziegeldächer sind stabiler als hölzerne. Auch können sie nicht so leicht abbrennen.

Ställe für die Pferde der Ritter

Vieh

Innerer Burggraben

Scheunen

Runde Türme sind stärker als rechteckige. Sie lassen sich schwerer einreißen, da es keine Ecken gibt.

Von den hölzernen Hurden können die Verteidiger Wurfgeschosse auf euch werfen. Ihr wiederum könnt brennende Pfeile zurückschießen.

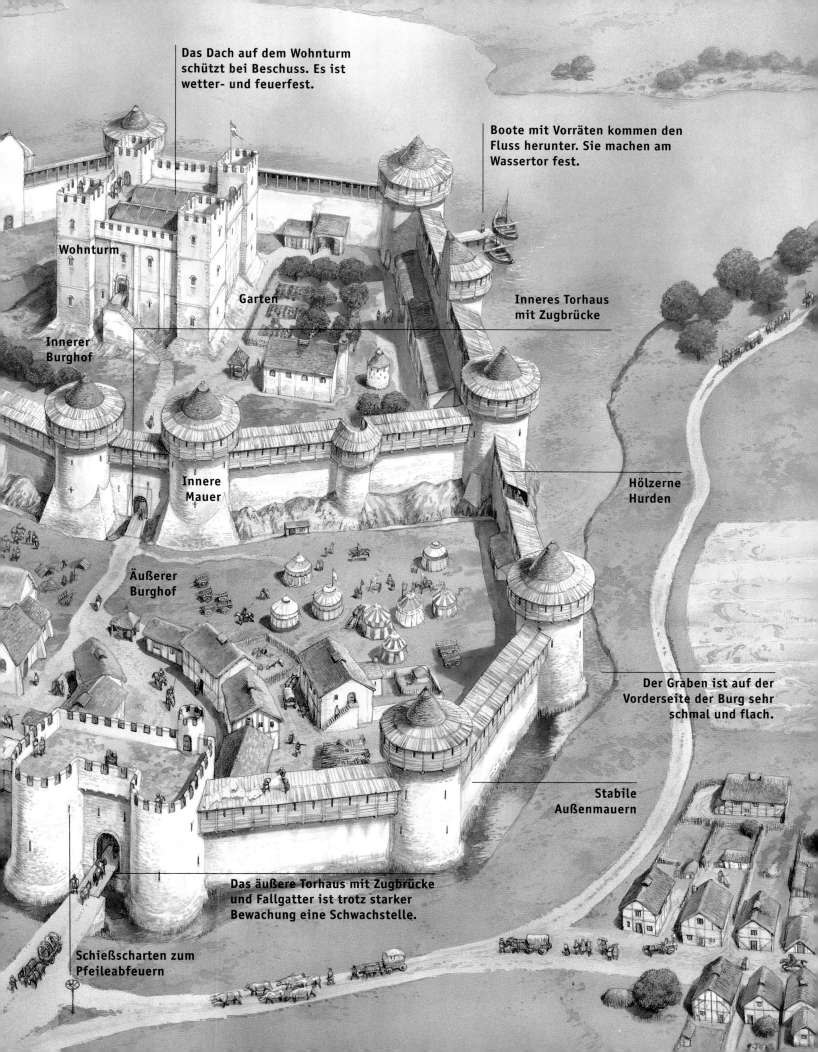

Das Dach auf dem Wohnturm schützt bei Beschuss. Es ist wetter- und feuerfest.

Boote mit Vorräten kommen den Fluss herunter. Sie machen am Wassertor fest.

Wohnturm

Garten

Inneres Torhaus mit Zugbrücke

Innerer Burghof

Innere Mauer

Hölzerne Hurden

Äußerer Burghof

Der Graben ist auf der Vorderseite der Burg sehr schmal und flach.

Stabile Außenmauern

Das äußere Torhaus mit Zugbrücke und Fallgatter ist trotz starker Bewachung eine Schwachstelle.

Schießscharten zum Pfeileabfeuern

Vor der Belagerung

Bedenke, dass du auch ohne Gewalt an dein Ziel kommen kannst. Es gibt noch andere, ebenso wirksame Möglichkeiten, bevor du angreifst. Du kannst zum Beispiel Spione in die Burg einschleusen, um Informationen zu gewinnen, oder den Lebensmittelnachschub zur Burg unterbrechen und verhindern, dass sich die feindlichen Truppen bewegen können. Je mehr Informationen du über das Land, die Burg, ihren Herrn und seine Leute zusammentragen kannst, umso besser.

Wenn deine Spione dir berichten, dass zusätzliche Truppen anrücken, um den Verteidigern der Burg zu helfen, locke sie vor ihrem Eintreffen in einen Hinterhalt. Vielleicht gelingt es dir sogar, den Fürsten gefangen zu nehmen. Dann kannst du ihn festsetzen, bis er aufgibt und dir die Burg kampflos überlässt.

Wähle möglichst zuverlässige Mitstreiter als Spione aus. Männer, die sich beim Burgherrn als Söldner ausgeben, können dich vortrefflich über die Verteidigungsanlagen der Burg informieren. Du kannst auch Kaufleute oder Handwerker gewinnen, die in der Burg zu tun haben. Solche Spione können Folgendes herausfinden:

1. Wie viele Menschen wohnen in der Burg?
2. Was sind die Schwachstellen in der Burgverteidigung?
3. Wie stark ist die Besatzung?
4. Wie viel Lebensmittel und Wasser sind vorrätig?
5. Wie ist die Burg auf einen Angriff vorbereitet?

Fordere die Dorfbewohner auf, insbesondere Frauen und Kinder, sich zu ihrem Schutz in die Burg zu begeben. Sie können nicht zur Verteidigung der Burg eingesetzt werden, verbrauchen aber wichtige Nahrungsmittel und Wasser. Das kommt dir zugute, denn hungrige und durstige Verteidiger sind eher bereit, sich zu ergeben.

Nützliche Spionage-Tipps

1. Binde deine Spione durch gute Bezahlung an dich.
2. Leite sie sorgfältig an, damit sie genau wissen, was sie zu tun haben.
3. Bilde sie in Sabotage aus. Zeige ihnen, wie man Wachen angreift oder die Wasserversorgung unterbricht.

Es ist wichtig, dass deine eigenen Leute gut versorgt sind – mit einem gefüllten Magen kämpft es sich besser. Verhandle deshalb mit Kaufleuten über den Erwerb von Lebensmitteln, Kleidung und Waffen. Auch solltest du von den umliegenden Bauernhöfen und Dörfern Lebensmittel rauben. Es ist klug, alles, was du nicht brauchst, zu vernichten. Damit verhinderst du, dass Nachschub zu den Burgverteidigern gelangt.

Der Zugriff auf frisches Wasser ist lebenswichtig.

Gute Beziehungen zu den Händlern sichern die Versorgung.

Versorgungsgüter, die mit dem Boot zur Burg gebracht werden, kannst du durch eine Flussblockade stoppen. Dazu spannt man eine schwere Kette kurz unterhalb der Wasseroberfläche über den schmalsten Teil des Flusses. Du kannst den Fluss aber auch sperren, indem du, wie hier, schwimmende und mit metallenen Stacheln versehene Baumstämme zwischen den Ufern befestigst. Stelle sicher, dass sie an jedem Ufer fest angekettet sind. Postiere an beiden Ufern Wachen. Sie müssen die Sperre bei Angriffen verteidigen.

Schutzwände sichern deine Bogenschützen.

Wohnturm

Die Baumstämme werden mit schweren Ketten gesichert.

Die Stämme sind quer über die schmalste Stelle des Flusses gespannt.

Aus den Stämmen ragen eiserne Stacheln.

Wachen zur Verteidigung der Sperre

Deine Soldaten und ihre Waffen

Was taugen deine Streitkräfte? Je besser ausgebildet und ausgerüstet deine Männer sind, desto größere Siegeschancen haben sie. Deine Truppen werden aus Rittern, bewaffneten Reitern, Fußtruppen, Bogenschützen und Söldnern bestehen. Neben den kämpfenden Männern wirst du auch Köche, Zimmerleute, Schmiede, einen Priester und einen oder zwei Wundärzte zur Behandlung der Kranken und Verwundeten brauchen. Wichtig ist auch ein guter Waffenschmied. Er wird dir Waffen und Rüstungen herstellen, reparieren und instand halten. Hier siehst du die unter deinem Kommando stehenden Kämpfer und ihre Waffen.

Deine Fußtruppen sind einfache Männer, die als Teil ihrer Verpflichtung ihrem Herrn gegenüber zum Dienst gezwungen wurden, und Söldner. Sie tragen gesteppte Waffenröcke, Helme und Kettenhemden, die sie im Kampf schützen. Zu ihren Waffen gehören Äxte, Gleven, Schleudern und Streitkolben.

Ritter sind ranghohe, von Kindheit an in Kriegs- und Reitkunst geübte Soldaten. Ihr Pferd und ihre Ausrüstung sind sehr teuer.

Die bewaffneten Reiter sind nicht so hochrangig wie Ritter. Sie kämpfen auf Pferden und benutzen Lanzen, Bogen, Schwerter und Keulen. Ritter leisten sich aufwändige Metallrüstungen, um sich und ihre Pferde zu schützen. Ärmere Krieger besitzen hingegen nur Kettenhemden und Helme zu ihrem Schutz.

Bodkin — Gewöhnliche Pfeilspitze — Broadhead

Bogenschützen sind ein sehr wichtiger Teil deiner Truppen, einschließlich der Langbogenschützen und der Armbrustschützen. Die mannshohen Langbogen treffen auch auf weite Entfernungen (200 Meter oder mehr) ihr Ziel. Ein guter Langbogenschütze kann zwölf Pfeile in der Minute verschießen. Wichtig ist auch die Wahl der Pfeile. Widerhaken an einer Broadhead-Pfeilspitze machen das Herausziehen schwierig. Und eine Bodkin-Pfeilspitze durchschlägt mühelos eine Ritterrüstung.

Schießen mit dem Bogen

Einlegen der Pfeilkerbe in die Bogensehne — Bereitmachen zum Schießen — Zielen

Armbrüste verschießen statt eines Pfeils einen spitzen Metallbolzen. Anders als beim Langbogen brauchen deine Soldaten beim Schießen mit der Armbrust kaum besonderes Training. Dafür ist die Schussfolge der Armbrust langsamer. Allerdings kann sie mit dem bereits eingelegten Bolzen mitgeführt werden, sodass sie im Handumdrehen schussbereit ist. Auf kurze Entfernungen ist die Armbrust genau und durchschlagskräftig, und einige schießen so weit wie ein Langbogen.

Schießen mit der Armbrust

Spannen — Bolzen einlegen — Schießen

Gleve: Hieb- und Stoßwaffe. Wirkungsvoll gegen Reiter.

Kurzschwert: Zum Hauen und Stechen im Nahkampf.

Streitkolben: Schwer genug, um Helme und Rüstungen zu zertrümmern.

Streitaxt: Langer Schaft und scharfes, mondsichelförmig gebogenes Blatt. Wirkungsvoll gegen Rüstungen.

Der Aufbau deines Lagers

Während deiner früheren Erkundungen hast du schon einen Platz für dein Heerlager ausfindig gemacht. Es sollte Zugang zu frischem Wasser haben und nahe der Burg liegen – aber außerhalb der Reichweite ihrer Bogenschützen. Lass deine Männer sofort Zelte und behelfsmäßige Hütten aufbauen. Benutze dazu einheimisches Material wie Bäume und Rasen. Beauftrage einige Männer mit dem Bau von Schutzwällen und Gräben rund um das Lager. Deine Soldaten sollten beginnen, die Belagerungswaffen einsatzbereit zu machen. Auch alle Köche, Waffenschmiede und Schmiede müssen bestens vorbereitet sein.

Der Bauernhof wurde von den Verteidigern der Burg niederge-brannt, damit deine Soldaten keine Ver-pflegung bekommen.

Aushub des Grabens und Errichten der Palisaden

Pferde

Auf-stellen der Zelte

Holz wird von einem alten Gebäude genommen.

Bau eines Schutzwalls aus Erde und spitzen Pfählen

Neue Truppen kommen an.

Beschäftige deine Männer mit nützlichen Aufgaben.

Sei argwöhnisch, wenn sich Fremde dem Lager nähern: Der unschuldig aussehende Bettler könnte ein Spion des Fürsten sein. Ermahne deine Leute, sich nicht auf nutzlose Gespräche einzulassen. Wie leicht könnte ihnen eine wichtige Auskunft entschlüpfen, beispielsweise der Zeitpunkt deines Angriffs. Wenn du glaubst, einen Spion vor dir zu haben, nimm ihn unverzüglich fest.

Bewaffnete Vorausabteilung nähert sich der Burg, um das Vorgehen zu besprechen.

Belagerungsgeschütz (Tribok)

Wachturm gegenüber der Burg

Ein Wäldchen wird für Bauholz gefällt.

Eingezäunte Tierherde

Kommandeurszelt

Kommandeur

Bau von Belagerungsgeschützen

Kampftechniken werden geübt.

Priester

Waffenschmiede

Aus Holz und Gras entstehen behelfsmäßige Hütten.

Köche

Geschlachtetes Rind

Für Bauholz gefällte Bäume

Frisches Wasser wird geschöpft.

Inzwischen wird der Fürst deine Absicht erkannt haben. Bevor die Schlacht beginnt, ist es üblich, einen Herold zur Ankündigung des Angriffs zu senden. Erscheint dem Burgherrn deine Streitmacht als zu groß, schickt er vielleicht eine Botschaft zurück, um mit dir zu verhandeln. Wenn du Glück hast, erfolgt die Übergabe der Burg, ohne dass ein Schuss abgefeuert wurde.

Die Verteidigung der Burg

Es ist wichtig zu wissen, welche Verteidigungsmaßnahmen gegen dich getroffen werden, damit du ihnen begegnen kannst. Der Feind wird sich zielgerichtet auf den Kampf vorbereiten. Er wird Steine sammeln, um sie auf euch zu schleudern, und mit Öl vermischten Sand erhitzen, um ihn über deine Männer zu schütten. Die Burgbesatzung wird auch frische Tierhäute auf die Bretter der Hurden nageln, um sie feuerfest zu machen. Die Zugbrücke wird hochgezogen werden, und Posten werden Ausschau halten, wann sich deine Truppen in Bewegung setzen. Sie werden jeden verhören und einkerkern, vielleicht sogar töten, den sie für einen Spion halten. Sei darauf vorbereitet, dass sie deine Spione ausgeschaltet haben. Nicht nur deine Angriffspläne könnten aufgedeckt sein. Auch die Möglichkeit, die Burg von innen zu sabotieren, könnte dahin sein.

Auf die hölzernen Hurden genagelte Tierhäute verhindern, dass sich das von brennenden Pfeilen entfachte Feuer ausbreitet.

Klappbare Bretterläden zwischen den Schießscharten schützen die Bogen- und Armbrustschützen.

Der Feind kann durch die „Mordlöcher" im Fußboden der Hurden oder der Decke des Torhauses Pfeile schießen oder heißes, mit Sand gemischtes Öl schütten. Der heiße Sand dringt durch die Spalten in der Rüstung und verbrennt die Haut.

Bogenschützen haben durch die Schießscharten, schmale Schlitze in der Mauer, gute Schussmöglichkeiten auf deine Truppen. Es ist aber nahezu unmöglich, durch die engen Löcher zurückzuschießen.

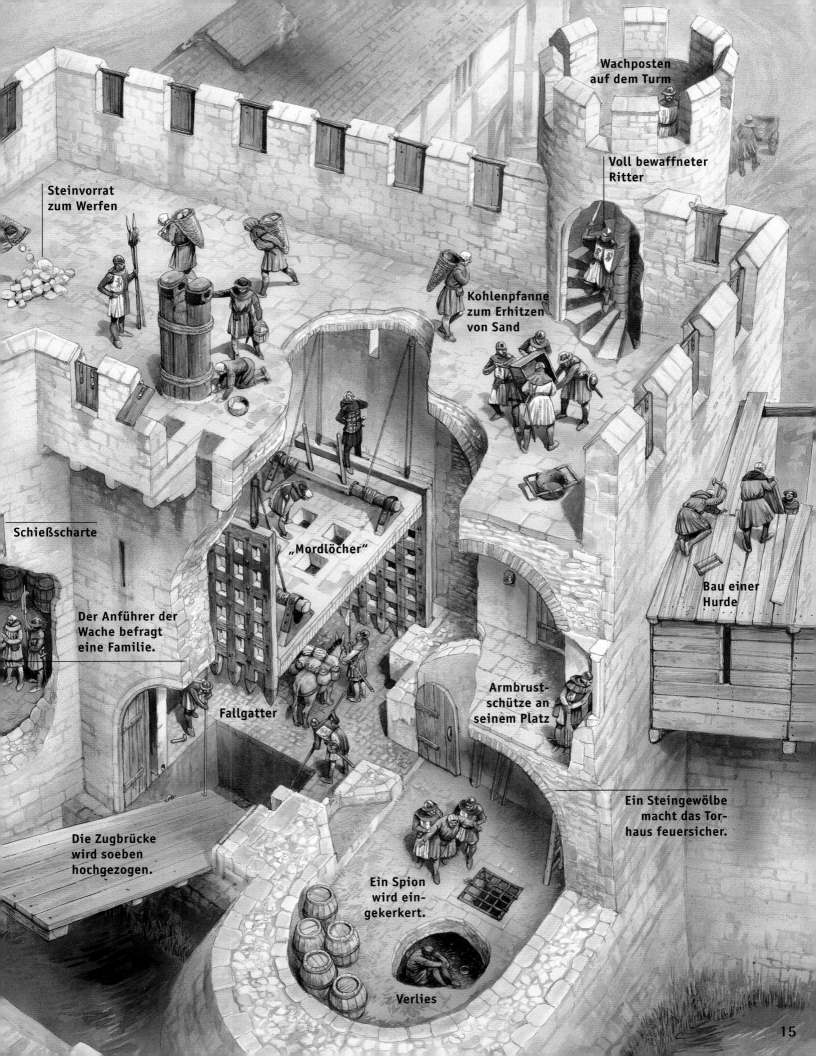

Steinvorrat
zum Werfen

Schießscharte

Der Anführer der
Wache befragt
eine Familie.

Fallgatter

Die Zugbrücke
wird soeben
hochgezogen.

Wachposten
auf dem Turm

Voll bewaffneter
Ritter

Kohlenpfanne
zum Erhitzen
von Sand

„Mordlöcher"

Bau einer
Hurde

Armbrust-
schütze an
seinem Platz

Ein Steingewölbe
macht das Tor-
haus feuersicher.

Ein Spion
wird ein-
gekerkert.

Verlies

Deine Belagerungswaffen

Dein Ziel ist es, die Burg einzunehmen.
Dies könnte gelingen, indem du die Burgbewohner aushungerst. Aber das braucht Zeit.
Schneller geht es, wenn du so heftig angreifst,
dass der Feind sich nicht mehr wehren kann.
Gewaltige Belagerungsmaschinen werden dir
helfen, die Burg zu erstürmen. Mit solchen
Geräten kannst du die Festung bombardieren
und ihre Mauern und Tore aufbrechen. Sobald
deine Männer in der Burg sind, können sie sie
einnehmen – aber bedenke, dass der Feind
seine eigenen Belagerungswaffen gegen dich
einsetzen könnte.

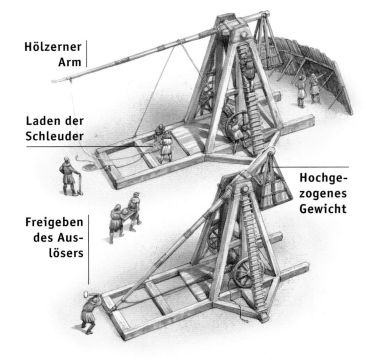

Hölzerner Arm

Laden der Schleuder

Freigeben des Aus-lösers

Hochge-zogenes Gewicht

Laden und Abfeuern des Triboks

Tribok beim Abschuss

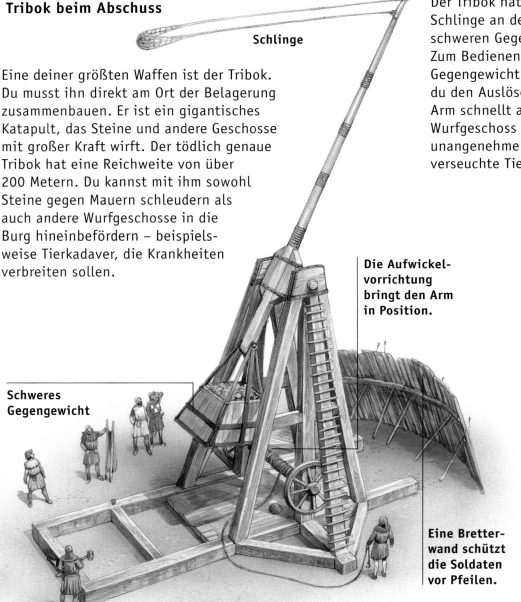

Schlinge

Eine deiner größten Waffen ist der Tribok.
Du musst ihn direkt am Ort der Belagerung
zusammenbauen. Er ist ein gigantisches
Katapult, das Steine und andere Geschosse
mit großer Kraft wirft. Der tödlich genaue
Tribok hat eine Reichweite von über
200 Metern. Du kannst mit ihm sowohl
Steine gegen Mauern schleudern als
auch andere Wurfgeschosse in die
Burg hineinbefördern – beispielsweise Tierkadaver, die Krankheiten
verbreiten sollen.

Der Tribok hat einen langen Arm mit einer
Schlinge an dem einen Ende und einem
schweren Gegengewicht an dem anderen.
Zum Bedienen lade die Schlinge, ziehe das
Gegengewicht hoch und verriegele es. Gibst
du den Auslöser frei, fällt das Gewicht, der
Arm schnellt aufwärts und schleudert das
Wurfgeschoss in die Luft. Einige besonders
unangenehme Geschosse sind mit Krankheiten
verseuchte Tierkadaver und Feuertöpfe.

Die Aufwickel-vorrichtung bringt den Arm in Position.

Schweres Gegengewicht

Eine Bretter-wand schützt die Soldaten vor Pfeilen.

In Triboks benutzte Munition

Köpfe getöteter Gefangener

Tierkadaver

Feuertöpfe

Steine, Steinschutt usw.

Als weiteres Belagerungsgerät steht dir eine Mangonel zur Verfügung. Sie schleudert Geschosse über eine kürzere Entfernung und ist kleiner und leichter zu bewegen als ein Tribok. Die Mangonel besteht aus einem an einem Holzrahmen befestigten Hebel mit einer Schale. Zum Bedienen sind zwei Mann nötig. Einer kurbelt mit einer Winde den Hebel zurück – dabei verdrillt sich das Seil – und macht ihn fest. Der andere lädt die Schale und löst den Hebel. Das zurückschnellende verdrillte Seil reißt den Hebel nach vorne. Ein gepolsterter Balken hält seine Bewegung auf, aber das Geschoss fliegt mit beträchtlicher Kraft weiter. Mit der Mangonel kannst du sehr erfolgreich Mauern zertrümmern.

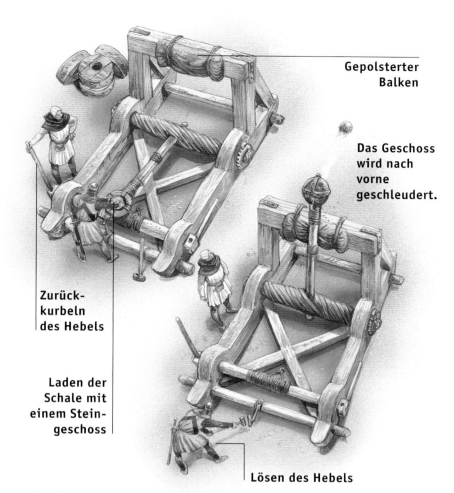

Gepolsterter Balken

Das Geschoss wird nach vorne geschleudert.

Zurück-kurbeln des Hebels

Laden der Schale mit einem Stein-geschoss

Lösen des Hebels

Bedienung einer Mangonel

Bedienung einer Balliste

Ein Mann spannt die Sehne und verriegelt sie in dieser Position.

Die Verteidiger der Burg besitzen wahrscheinlich ebenfalls Belagerungsmaschinen. Besonders gefährlich für dich und deine Leute ist die Balliste, eine gewaltige Armbrust. Ihre Sehne wird mittels eines Kurbelrades gespannt. Bestückt ist die Balliste mit einem großen Pfeil, mitunter auch mit einem Speer. Er wird durch das Lösen der Sehne mit einem Hebel abgefeuert. Mit der Balliste kann man sehr genau zielen. Du würdest die Balliste auch gerne einsetzen, aber anders als Tribok oder Mangonel kann sie keine Mauern zerstören.

Der zweite Mann lädt die Balliste mit einem langen Pfeil oder Speer.

Der erste Mann löst die Sehne mit einem Hebel und feuert den Pfeil mit großer Geschwindigkeit und Genauigkeit ab.

Die Belagerung läuft

Die Zeit der Entscheidung ist gekommen. Sollten die Verhandlungen scheitern, musst du unverzüglich angreifen. Du hast folgende Möglichkeiten, die Burg erfolgreich zu erstürmen: Mit Tribok und Mangonel können deine Soldaten Steine gegen die Burgmauern schleudern. Das Auffüllen des Burggrabens mit Steinen und Reisigbündeln (siehe unten) ermöglicht deinen Männern, die Mauern zu erreichen und zu erklettern. Ein Belagerungsturm wird dir den Zugang zur Oberseite der geschützten hohen Mauern verschaffen. Und vergiss nicht, einen einfachen Rammbock einzusetzen. Du kannst ihn mit einem Dach aus Holz und Tierhäuten vor feindlichem Beschuss schützen.

Überqueren des Grabens und Aufstellen von Sturmleitern

Bogenschützen hinter einer hölzernen Schutzwehr

Verfüllter Burggraben

Tribok und Steine als Munition

Mangonel schleudert Steine.

Männer mit Schleudern

Wasser holen zum Löschen der Flammen

Sichere die Männer, die den Burggraben verfüllen, mit einem beweglichen schrägen Dach, einer Art Hütte auf Rädern. Darunter können sie und die benötigten Materialien mühelos an ihren Platz rollen. Das hölzerne Dach schützt sie vor Pfeilen. Aufgespannte frische Tierhäute helfen, es brandsicher zu machen.

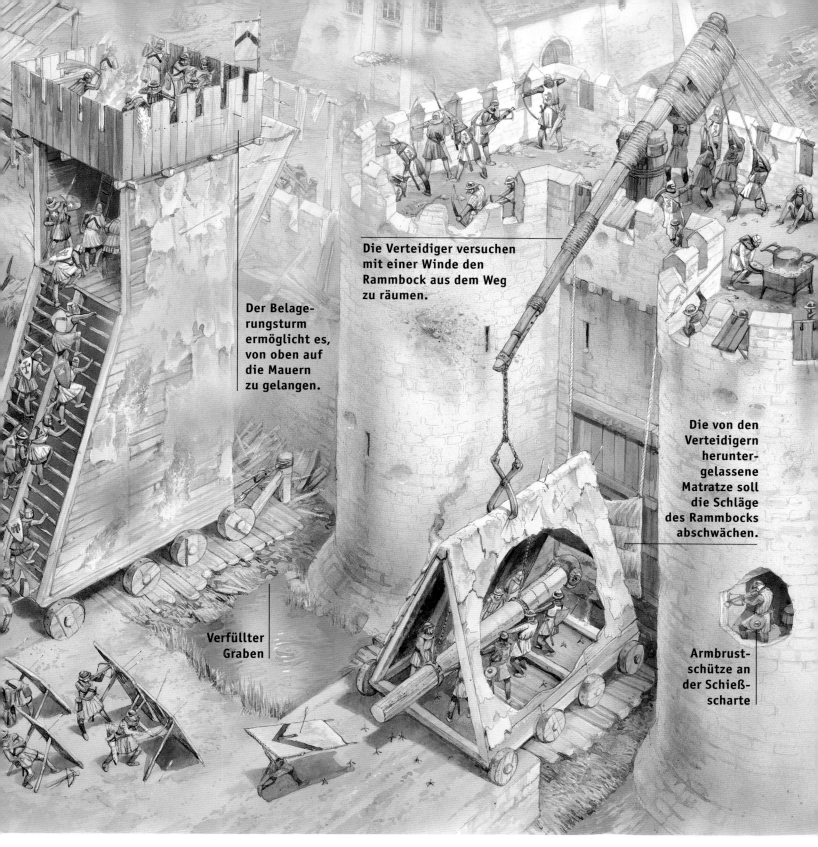

Der Belagerungsturm ermöglicht es, von oben auf die Mauern zu gelangen.

Die Verteidiger versuchen mit einer Winde den Rammbock aus dem Weg zu räumen.

Die von den Verteidigern heruntergelassene Matratze soll die Schläge des Rammbocks abschwächen.

Verfüllter Graben

Armbrustschütze an der Schießscharte

Eine „rollende Hütte" ist mit Faschinen (Reisigbündeln), Gras und Körben voller Erde und Steine beladen. Deine Männer werfen die Faschinen, Erde und Steine aus der überdachten offenen Vorderseite in den Graben und schaffen so eine behelfsmäßige Brücke. Zum Schluss befestigen sie diese Verfüllung mit Gras.

In der belagerten Burg

Die Burgbewohner können durchhalten, solange sie die Hoffnung haben, dass Befreiungstruppen unterwegs sind. Solltest du dies vermuten, lass Spione herausfinden, wie die Verteidiger deiner Belagerung standhalten. Du brauchst Informationen über ihre militärischen Vorbereitungen, die Versorgung mit Nahrungsmitteln, die Lebensbedingungen, den Gesundheitszustand und die allgemeine Stimmung.

Der Burgherr hat angeordnet, alle Nahrungsmittel in seinem Garten abzuernten und einzulagern. Auch die Tiere brauchen Futter und Wasser. Beginnt das Futter auszugehen, werden die Verteidiger ihr Vieh schlachten müssen und so Fleisch gewinnen. Getrocknet und gesalzen hält es sich sehr lange.

Spion	Vorrats-tonne	Verwalter über-prüft Vorräte

Im unteren Stockwerk der Türme lagern eine Menge konservierter und trockener Nahrungsmittel. Die Vorräte werden sorgfältig überwacht. Wenn die Belagerung andauert, kann es sein, dass das Essen rationiert werden muss. Lass einen deiner Spione den Verwalter beobachten, wenn er den Bestand der Vorräte überprüft. Werden sie knapp, wirst du es erfahren.

Wasser wird aus dem Brunnen geholt.

Ein Teil der Kapelle dient als notdürftiges Lazarett. Priester und Frauen pflegen Kranke und Verletzte. Als Ergebnis deiner Taktik, verseuchte Tierkörper über die Mauern zu katapultieren, ist unter den Leuten in der Burg möglicherweise eine Krankheit ausgebrochen. Die Stimmung ist schlecht. Die Priester trösten ständig Dorfbewohner. Viele beten, dass das Befreiungsheer ihnen zu Hilfe kommt.

Priester	Wunden werden verbunden.	Beten um Hilfe	Wache

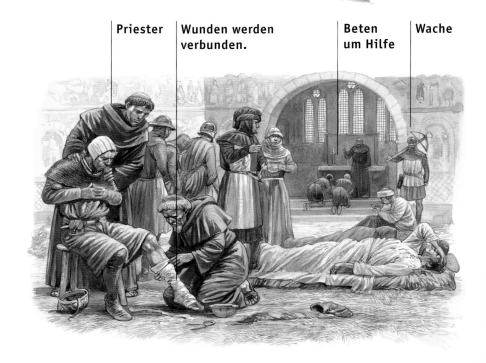

Die Hauptaufgabe der Schmiede besteht darin, die Pferde für einen Gegenangriff mit den passenden Hufeisen zu beschlagen. Sie schmieden aber auch sogenannte Krähenfüße. Das sind vierzackige Nägel, die, egal wie sie fallen, stets eine aufwärts gerichtete Spitze zeigen. Sie werden verstreut, um Pferde zu verletzen, wenn sie auf sie treten.

Ein Pferd wartet auf das Beschlagen. | **Schmied am Amboss** | **Krähenfüße** | **Hufschmied** | **Esse**

Soldat | **Waffenschmied repariert ein Kettenhemd.**

Auch die Waffenschmiede der Burg sind sehr beschäftigt. Sie bessern Kettenhemden und Rüstungen aus, schärfen alte Waffen und schmieden neue. Der Fürst hat angeordnet, dass alle Waffen kontrolliert und, wenn nötig, repariert werden. Ein Kettenhemd anzufertigen ist schwierig und langwierig. Zuerst wird Draht spiralförmig aufgewickelt und dann an der gleichen Stelle jeder Wicklung durchgeschnitten. So erhält man einzelne gespaltene Ringe. Jeder Ring wird mit vier weiteren verbunden und vernietet. Kettenhemden haben den Vorteil, viel leichter und beweglicher zu sein als Rüstungen.

Als Gefahr durch deine Truppen drohte, suchten viele Dorfbewohner Schutz in der Burg. Sie haben im äußeren Burghof Dächer aus Holz, Tuch und Gras errichtet. Die Stimmung in ihrem Lager ist jedoch nicht gut. Es ist nass und kalt geworden und das Essen ist knapp. Soldaten in der Burg haben den Karren eines Dorfbewohners für den Bau von Verteidigungsanlagen beschlagnahmt.

Soldaten beschlagnahmen einen Karren.

Notdürftige Schutzdächer

Kochstelle

Tuchbedeckung

Brot wird gebacken.

Wie du einen Turm untergräbst

Die Belagerung dauert schon zu lange. Deine Spione haben dir berichtet, dass der Feind einen Gegenangriff vorbereitet. Bis dahin könnten Befreiungstruppen unterwegs sein. Jetzt musst du schnell handeln! Du beschließt, den Südturm zu zerstören. Das bedeutet, ihn so zu unterhöhlen, dass er einstürzt. Das ist ein gefährliches Unternehmen, aber wenn es gelingt, kannst du die Burg einnehmen.

Armbrust-schütze

Schutzzaun

Tunnelerde wird weg-gekarrt.

Südturm

Tunnel-eingang

1 Der erste Teil des Planes besteht darin, einen Tunnel unter dem Turm zu graben. Davon darf der Feind aber nichts mitbekommen. Errichte deshalb zunächst einen Zaun. Man wird ihn als Schutzschild für deine Bogenschützen ansehen. In Wirklichkeit verbirgt er aber deine Tunnelarbeiter. Teile auch Männer zum Wegkarren der Erde und zum Heranschaffen von Holzpfählen ein.

2 Es dauert einige Tage, sich bis unter den Turm durchzugraben. Sichere die Arbeiten direkt unter dem Burggraben besonders gut. Stütze Seitenwände und Decke mit Holzpfählen.

Verfüllter Burggraben

Tunnelbauer bei der Arbeit

Einbau der Holzpfähle

Turmfundament

Querschnitt durch den Boden unter dem Turm

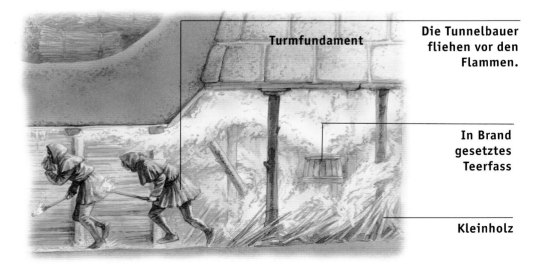

Turmfundament

Die Tunnelbauer fliehen vor den Flammen.

In Brand gesetztes Teerfass

Kleinholz

3 Wenn deine Leute unter dem Turm angelangt sind, müssen sie sehr leise vorgehen. Zuerst wird das Fundament mit Pfählen abgestützt. Dann werden ein Fass mit Teer und Holzreisig direkt unter dem Turm platziert und angezündet. Jetzt müssen deine Männer schnellstens aus dem Tunnel heraus!

4 Mit ein wenig Glück sollte das Feuer die Pfähle in Minutenschnelle wegbrennen. Dann bricht das Tunneldach ein und die Steinmauern des Turmes darüber stürzen in den Tunnel.

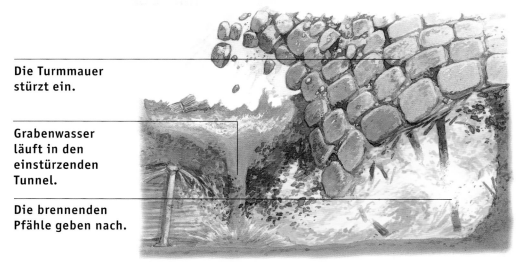

Die Turmmauer stürzt ein.

Grabenwasser läuft in den einstürzenden Tunnel.

Die brennenden Pfähle geben nach.

Das Untergraben des Turmes ist eine langwierige und gefährliche Operation. Der Tunnel könnte einstürzen, vom Feind gesprengt werden oder voll Wasser laufen. Verläuft aber alles nach Plan, hast du den Vorteil, schnell in die Burg eindringen zu können. Da die Mauern außerordentlich schwer sind, wird ihr Einsturz eine beträchtliche Lücke reißen. Der Fürst wird sehr überrascht sein.

Es ist unwahrscheinlich, dass er mit mehr Männern als üblich diesen Mauerabschnitt verteidigt. Du hingegen bekommst deine Truppen rasch in die Burg.
Verhindere um jeden Preis, dass der Feind etwas über den Tunnel erfährt. Vermeide, dass Informationen an feindliche Spione durchsickern. Weihe also möglichst wenige Menschen in deinen Plan ein.

Die Vorderseite des Turmes stürzt ein.

Deine Truppen stürmen durch die Mauerlücke in die Burg.

Schutz gegen feindlichen Beschuss

Armbrustschützen geben Feuerschutz.

Die Einnahme der Burg

Ist dein Plan geglückt, den Südturm zu zerstören, kannst du die Burg stürmen. Erwarte aber nicht, dass der Feind kampflos aufgibt. Immerhin musst du noch in den inneren Hof eindringen. Der Burgherr mit seinem Gefolge wird sich im Wohnturm verschanzt haben. Du kannst sicher sein, dass er sich entschlossen verteidigen wird. Deinen Erfolg vorausgesetzt, musst du noch entscheiden, was mit den Gefangenen geschehen soll, vor allem mit dem Fürsten.

Überwältigte feindliche Wache

Seilwinde zum Öffnen des Gatters

Torketten werden aufgewickelt

Nach dem Entfernen des Keils kann das Tor geöffnet werden.

Deine Spione können dir helfen, in den gut verteidigten inneren Hof zu gelangen. Sie können die Wachen überwältigen und das Tor öffnen. Dann dringen deine Truppen in den Hof ein und umstellen den Wohnturm.

Die Zugbrücke wird von den Männern des Fürsten geschlossen.

Wohnturm

Von deinem Angriff überwältigte feindliche Soldaten

Feuer breitet sich im Stallbereich aus.

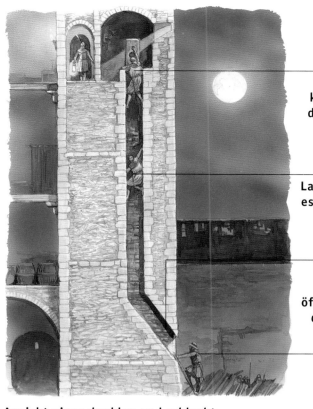

Herausklettern aus dem Schacht

Langsam geht es im Schacht aufwärts.

Der Latrinenschacht öffnet sich in den Graben.

Eine Wache passt auf.

Ansicht eines dunklen und schlecht bewachten Weges in den Wohnturm

Nachdem sich der Fürst mit seinen Männern im Wohnturm verschanzt hat, könnte dir eine List helfen hineinzugelangen. Suche nach einem unüblichen, unbewachten Weg, beispielsweise nach einem Latrinenschacht. Einmal drinnen, können deine Männer eine Nebentür öffnen und euch hineinlassen. Schicke eine bewaffnete Gruppe zum Haupteingang, überwältige die dortige Besatzung und öffne das letzte Hindernis – das Tor und die Zugbrücke zum Turm. Konzentriere dich nun darauf, den Burgherrn zu finden und die Übergabe zu verlangen.

Deine Truppen stürmen den inneren Burghof.

Von deinen Belagerungswaffen zerstörtes Turmdach

Beschädigte Hurden

Frau und Kinder des Burgherrn

Burgherr

Ritter des Burgherrn

Deine Männer

Endlich stürmst du mit deinen Soldaten herein. Nur noch zwei Ritter versuchen den Fürsten und seine Familie zu schützen. Obwohl er sich mutig gibt, weiß der Burgherr, dass es vorbei ist. Was dann passiert, entscheidest du. Wenn irgend möglich, nimm den Fürsten und seine Familie lebend gefangen. Dann kannst du seine Kapitulation entgegennehmen und bestimmen, was mit ihm, seiner Burg und seinen Männern geschehen soll. Du hast gesiegt!

Zeittafel

Die Baustile der Burgen sind weltweit unterschiedlich. Doch alle Burgen hatten ursprünglich den gleichen Zweck: eine unüberwindliche Festung gegen einen Feind zu sein. Die frühesten europäischen Burgen hießen „Motten" oder Turmhügelburgen. Das waren kaum mehr als hölzerne, auf einem Hügel – der „Motte" – errichtete Bauwerke, die mit einem umfriedeten unteren Hof verbunden waren. Mit der Zeit wurden die hölzernen Burgen von Steinbauten verdrängt. Sie konnten auch heftigen Angriffen widerstehen. Die große Zeit der Burgen endete, als es später den Kanonen gelang, selbst die dicksten Steinmauern zu durchschlagen.

Burg mit Wohnturm

um 900
Die früheste europäische Burg wird in Anjou, Frankreich, gebaut.

um 1000
Turmhügelburgen entstehen in Europa.

1066
Normannischer Eroberungszug in England. William I. lässt 87 Burgen errichten. Ihre rechteckigen steinernen Türme werden Bergfriede genannt.

1096 – 1291
Kreuzzüge. Kriege zwischen Christen und Muslimen von 1096 bis 1291. Die christlichen Kreuzritter errichten zum Schutz ihres eroberten Landes zahlreiche Kreuzritterburgen.

1099
Belagerung Jerusalems. Kreuzritter erobern die Heilige Stadt.

Die „Motte" ist ein auf einem Erdhügel errichteter Turm. Im eingezäunten Vorhof befinden sich Häuser und Scheunen.

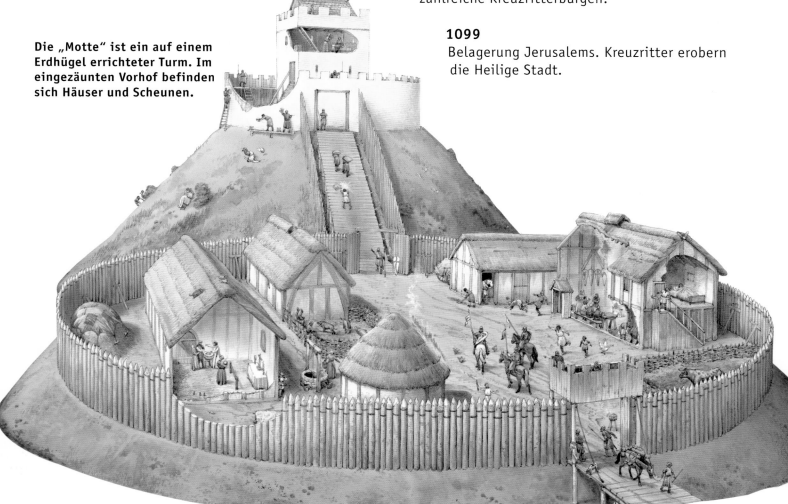

um 1100
Burgen mit Wohnturm entstehen. Sie haben zusätzliche Mauern rund um den Hauptturm.

1150 – 1250
Überall in Deutschland entstehen große Burgen.

um 1180
Ringmauern mit rechteckigen Türmen umschließen den Bergfried.

um 1200
Merkmale der Kreuzritterburgen, beispielsweise

Schloss Saumur, Frankreich

Schloss Neuschwanstein, Deutschland

Fallgatter und runde Türme, sind jetzt auch in europäischen Burgen zu finden.

1271
Die große Kreuzritterburg Krak des Chevaliers in Syrien fällt an die Muslime.

1337 – 1453
Hundertjähriger Krieg in Europa. Eine Zeit besonders vieler Burgenkriege.

1429
Belagerung von Orleans. Jeanne d'Arc kämpft gegen die englischen Belagerer und gewinnt die französische Stadt zurück.

1567 – 1568
Belagerung von Chitor in Indien. Die Stadt fällt an die Mogulkaiser, die mit Kanonen angreifen.

1582 – 1615
Große Periode des Burgenbaus bei den Samurairittern in Japan. Belagerung von Osaka 1615.

um 1600
Kanonen sind jetzt schussgewaltig genug, um auch die stärksten Burgmauern zu zerstören. Viele Burgen zerfallen oder werden aufgegeben. Einige, beispielsweise Burg Saumur in Frankreich, werden in Schlösser oder private Wohnstätten umgewandelt.

um 1800
Schlösser wie das deutsche Neuschwanstein werden als prunkvolle Häuser und nicht als Festungen gebaut.

Samuraiburg, Japan

Glossar

Armbrust Mechanischer Bogen zum Verschießen kurzer Bolzen, aber nicht von Pfeilen. *Siehe auch* Balliste, Langbogen.

Balliste Belagerungsmaschine, die einer riesigen Armbrust gleicht. Mit ihr wurden Pfeile oder Speere verschossen.

Belagerungsmaschine Eine große Waffe zum Angreifen einer Burg, beispielsweise ein Rammbock, ein Tribok oder eine Mangonel (13).

Belagerungsturm Hölzerner Turm auf Rädern. Er half während der Belagerung den Angreifern, die Burgmauern zu überwinden (14).

Bergfried Befestigter Turm in der Mitte einer Burganlage.

Burggraben Die Burg umgebender trockener oder wassergefüllter Graben (10).

Burghof Der Hauptburg vorgelagerter, von Burgmauern umschlossener Bereich. Ursprünglich war dies die umzäunte, geschützte Fläche der angrenzenden Motte (2).

Fallgatter Schweres Schutzgitter aus Holz und Eisen im Innern eines Torhauses, das mit Seilen oder Ketten angehoben und hinuntergelassen wird (12).

Faschinen Reisigbündel zum Verfüllen von Gräben.

Gleve Zweihändig zu führende Waffe mit einer Klinge am Ende eines langen Stabes.

Hurde Hölzerne, über die Mauerkrone hinausragende Galerie. Durch Öffnungen im Fußboden konnten die Angreifer bekämpft werden.

Kerker Gefängniszelle im Keller einer Burg. *Siehe auch* Verlies.

Kettenhemd Biegsame Rüstung aus miteinander verflochtenen Metallringen.

Krähenfüße (auch Wurfeisen oder Fußangeln genannt) Vierzackige Nägel, von denen einer immer nach oben zeigt. Sie wurden auf dem Boden verstreut und sollten Pferde und Soldaten am Vorankommen hindern.

Langbogen Langer, wirkungsvoller hölzerner Kriegsbogen zum Abschießen von Pfeilen.

Mangonel Steine schleudernde Belagerungsmaschine.

Maschikuli Aus der Mauerkrone hervorstehende Fußsteine mit Öffnungen dazwischen, durch die man schießen oder beispielsweise Steine auf die Angreifer darunter fallen lassen konnte (9).

Mordloch Deckenöffnung im Torhaus, durch die Angreifer beschossen oder beworfen werden konnten.

Motte Aufgeschütteter oder natürlicher Erdhügel, auf dem eine Burg gebaut wurde.

Motte mit Vorhof Erdhügel (Motte) mit einem Wehrturm, davor ein umzäunter und von einem Graben umgebener Hof.

Palisade Hölzerne Schutzwand oder Zaun.

Rammbock Langer Balken zum Aufbrechen von Mauern oder Toren an Verteidigungsanlagen.

Ringmauer Von einem Wehrgang bekrönte Mauer, die den Burgraum umschließt (4).

Ritter Bewaffneter Reiter, der einem adligen Herrn dient.

Scharten Freiräume zwischen Zinnen.

Schießscharte Schmale Öffnung in der Burgmauer, durch die Bogen- und Armbrustschützen schießen konnten (1).

Schutzwall Aus Steinen oder Erde bestehende Aufschüttung rund um eine Burg oder ein Lager.

Söldner Ein Soldat, der gegen Bezahlung (Sold) und nur zeitlich befristet für einen Herren kämpft.

Streitkolben Keule aus Metall für den Kampf.

Tjost Sportlicher Wettkampf, in dem zwei mit Lanzen bewaffnete Ritter auf Pferden kämpfen (7).

Torhaus Schwer befestigter Burgeingang. Kann eine Zugbrücke und ein Fallgatter haben (6).

Tribok Gewaltige, wie ein großes Katapult arbeitende Belagerungsmaschine.

Turmburg Früher Burgentyp, der nur aus dem rechteckigen Bergfried bestand.

Turnier Kampfspiel der Ritter.

Untergrabung Unterhöhlen des Fundamentes eines Gebäudes, damit es einstürzt.

Verlies Grube unter dem Fußboden zum Einsperren von Gefangenen. Wird über eine Falltür erreicht (11).

Verwalter Für den Gutsbetrieb verantwortlicher Bediensteter eines Burgherrn.

Wehrgang Überdachter oder offener Gang auf der Burgmauer mit Schießscharten und Zinnen (3).

Wohnturm Mittelalterlicher Turm, der als Wohnung eingerichtet war. Wohntürme gab es auf Burgen und in Städten (8).

Zinnen Der erhöhte Teil einer Mauerkrone.

Zugbrücke Hölzerne Brücke zum Überqueren des Burggrabens vor dem Torhaus einer Burg. Kann nach oben geklappt und heruntergelassen werden (5).

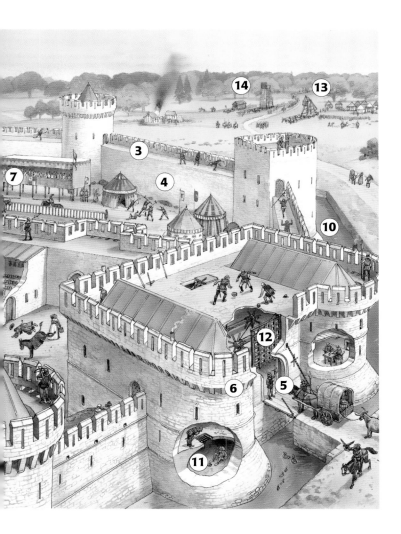

Register